¡No te limites!

Como una familia

Karin Anderson, M.A.T.

Créditos de publicación

Rachelle Cracchiolo, M.S.Ed., *Editora comercial*
Conni Medina, M.A.Ed., *Gerente editorial*
Nika Fabienke, Ed.D., *Realizadora de la serie*
June Kikuchi, *Directora de contenido*
Caroline Gasca, M.S.Ed., *Editora superior*
Sam Morales, M.A., *Editor asociado*
John Leach, *Editor asistente*
Kevin Pham, *Diseñador gráfico*
Jill Malcolm, *Diseñadora gráfica básica*

Créditos de imágenes: pág.11: Joseph Sohm/Shutterstock; las demás imágenes de iStock y/o Shutterstock.

Library of Congress Cataloging-in-Publication Data

Names: Anderson, Karin, author.
Title: ?No te limites! : como una familia / Karin Anderson.
Other titles: Outside the box. Spanish
Description: Huntington Beach : Teacher Created Materials, [2018] |
Identifiers: LCCN 2018008946 (print) | LCCN 2018010449 (ebook) | ISBN 9781425830359 (ebook) | ISBN 9781425826901 (pbk.)
Subjects: LCSH: Families--Juvenile literature. | Interpersonal relations--Juvenile literature.
Classification: LCC HQ744 (ebook) | LCC HQ744 .A82318 2018 (print) | DDC 306.85--dc23
LC record available at https://lccn.loc.gov/2018008946

Teacher Created Materials
5301 Oceanus Drive
Huntington Beach, CA 92649-1030
www.tcmpub.com

ISBN 978-1-4258-2690-1

Printed in China
Nordica.102018.CA21801128

una familia

Esta es una familia.
Esta es una familia grande.

Esta es una familia.
Esta es una familia pequeña.

Esta es una familia.
Veo a un niño.
Veo a su madrastra.

Esta es una familia.
Veo a un abuelo.
Veo a una abuela.

Los amigos pueden ser como una familia.
Esta es una clase.

Una clase es
como una familia
escolar.

Un **equipo** puede ser como una familia.
Este es un equipo.

Un equipo es como una familia deportiva.

Una **comunidad** puede ser como una familia. Este es un grupo de amigos.

Una comunidad es como una familia vecinal.

Hay muchos tipos de familias.

¿Quién es para ti como una familia?

Glosario

clase

comunidad

equipo

familia